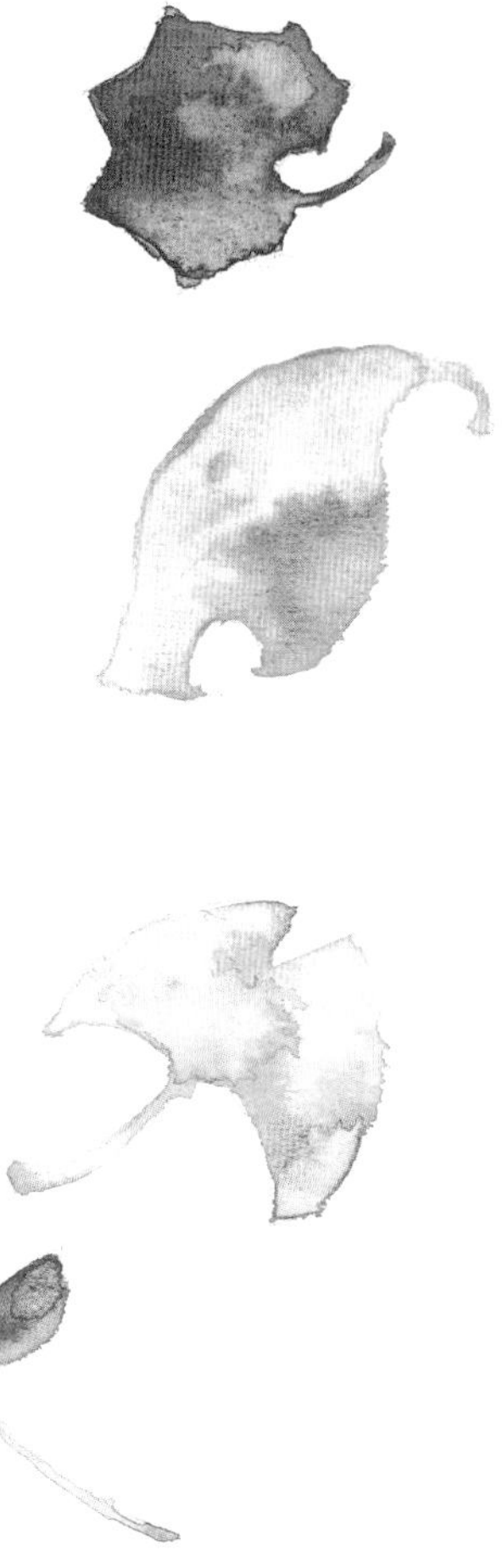

いのちの時間

雨森《あめのもり》 政恵《まさえ》 詩集

おむらまりこ 絵

JUNIOR POEM SERIES

もくじ

I

Ⅱ

Ⅲ

I 自然の恵み

風の車にのって

もみじの葉っぱ　も
けやきの葉っぱ　も
いちょうの葉っぱ　も
みんな　秋色に変身

いく日かして
葉っぱの　一枚一枚は
小さな　小さな
いのちの芽をのこして
それぞれ　旅に出ます
新しい　いのちを生きるために
風の車にのって

Simple is best

シンプルな空いっぱいの青
シンプルな緑いっぱいの草原
くったくのない笑顔《えがお》
何の　みかえりも求めない親切
いつも輝《かがや》きのみなもとは単純《たんじゅん》
Simple is best

美しい人

ある夏の日
窓辺《まどべ》に飾《かざ》られていた
ビニールの人工バラや
スイートピーを捨《す》てた
なにもなくなった窓辺に
庭から切った一輪のかすみ草を飾った
とても　美しかった

わたしたちも　立場　地位のような
一人ひとりのデコレーションを捨てて
ほんとうの自分になったとき
美しい人になるのかもしれません
宮沢賢治《みやざわけんじ》やマザーテレサのように

天を向いて

野に咲《さ》く　うす紫《むらさき》のヒメジオン
黄色い花の　キツネノボタン
小さな白いばら
胞子《ほうし》をつけたこけ
みんな天を向いて
歌っています

となりにだれがいても

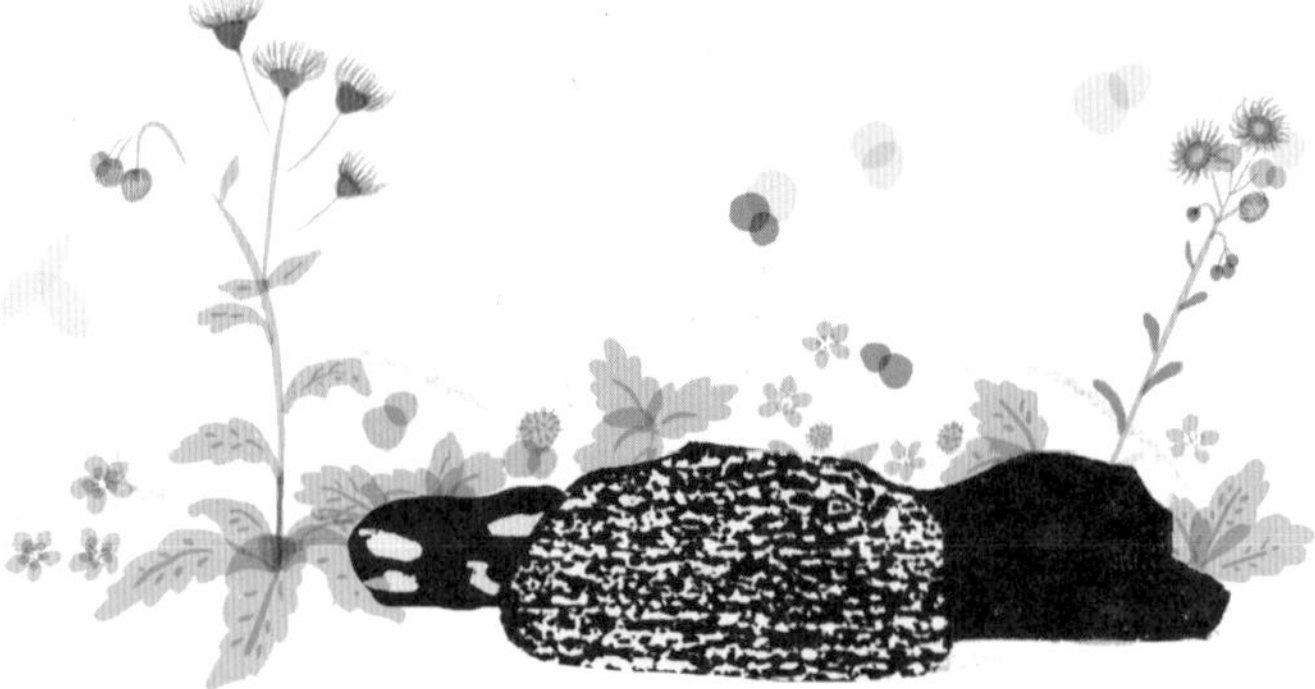

「あっちへ行って」とも言わないで
仲良く
同じ太陽の光を受けて

ずっと　同じ場所で　生きています
かたい石ころとも仲良くしています

私《わたし》も花のように
天を向いて　だれとでも仲良く
力いっぱい生きたいです

春

ぷく　ぷく　ぷく
川面《かわも》に　小さなあわつぶ

すっかり青色をなくしていた
あじさいの幹《みき》から
むらさき色の芽《め》

姿《すがた》を消していたつくしが

いつの間にか
空に向かってのびています
春がやってきます
待つことのよろこびを
知りました

いのちの時間

青い空
みどりの風
広い大地のうえに
生きている　いのち

さえずる小鳥
花
みんな　それぞれの

いのちの時間を　生きている
ひとつ　ひとつの
いのちの時間を

陽《ひ》だまり

ひるねから起きた犬が
太陽をほそい目で
まぶしそうに見上げた
そして
けやきの木の枝《えだ》にとまっている親子の鳩《はと》を
じっと見ていた
けやきの木の根もとに
紫《むらさき》や黄色や赤の

パンジーが元気に咲《さ》いている
冬の陽だまりに
静かな時間が流れてる

樹氷《じゅひょう》

粉雪舞《ま》う
うす紫《むらさき》色の樹氷の栖《すみか》

今まで聞こえなかった
さまざまな音色が
今まで素通《すどお》りしていた
さまざまな言葉が

不思議《ふしぎ》に
今　聞こえてくる
封印《ふういん》された静寂《せいじゃく》から

雨あがり

雨はあがった
洗《あら》い流《なが》された家々の屋根も
ほこりをかぶっていた街道《かいどう》の雑草《ざっそう》も
こずえから落ちる水滴《すいてき》も
グローブとバットを積《つ》んだ子どもたちの
自転車の群《む》れも
一様《いちよう》に光っている

輝《かがや》きをひとつにして
雨はあがった

アンネのことば

閉《と》ざされた時間の中で
十五歳《さい》と九ヶ月《かげつ》の生活は終わった
平和を信じ
人を信じつづけたアンネ
短すぎる人生の中で
でるはずのない答えを探《さが》し
答えのない疑問《ぎもん》に立ち向かったアンネ

閉《と》ざされた空間で
美しい草花を見つめ
そよ風の中に神さまを見つけたアンネ
つめたい収容所《しゅうようじょ》で
だれにも知らされずこの世を去った

「世の中に悪い人はいないわ
いい人ばかりだわ」と言って

つづきのいのち

木《こ》もれ陽《び》にかがやいている
石がきのつたの葉
春になると
としよりの濃《こ》い緑の大きな葉の下から
黄緑色の小さなかがやいた葉が生まれてきます
すると
大きな緑のつたの葉は
静かにその場を

生まれたばかりのつたの葉にゆずります
何ももたずに
あたり前のように地上に舞《ま》い降《お》ります
こうして　つたの葉のいのちはつづくのです
そして　つづきのいのちを生きるのです

Ⅱ　神のみもとに

青い地球

この世に戦争がある限《かぎ》り
人の命《いのち》が消えていく
お願い　神さま
ぼくの私《わたし》の　家族を
とらないでください
お願い　神さま
誰《だれ》かの命令で
一人ひとりの命を
一人ひとりの自由を

奪《うば》わないでください
主よあなたから頂《いただ》いた　この命を
戦争で消すことが　ありませんように

草原のかなたに
浮《う》かぶ　蜃気楼《しんきろう》
みんなの夢《ゆめ》をのせて
浮かぶ青い地球
みんなの命の住み家《か》
青い地球
永久《えいきゅう》に主の栄光《えいこう》

美しき　夕《ゆう》ぐれ

さまよい歩いた長い年月
楽しかった日　悲しかった日
どんな日でも
朝がきて　夜がきて
明日があった

そして今　犬たちと
私《わたし》は武蔵野《むさしの》の美しい夕ぐれの中を歩いてる

黄色の葉を落とした大きな銀杏《いちょう》の木
点々とともされる家々の灯《ひ》
美しい夕ぐれの中でいのちが息づいてる

私は残された暮《く》らしを
はてさのない美しく温かい
気品に満ちた夕ぐれのように生きてみたい
祈《いの》りのうちに

いっぱい

かぼちゃ畑に
かぼちゃが　いっぱい
トマト畑に
トマトが　いっぱい
庭先に
干《ほ》されたうめぼしが　いっぱい
プールに
子どもが　いっぱい

神さま　どうか
いっぱいが
いつまでも　ありますように

とどけよう　かぜにのせて

いのちかがやく　みどりのだいち
かぜにのせて　てんにとどけよう
いつくしみふかいかみさまに　さんびのうたを
いかされているひびに　かんしゃのうたを
みんなのよろこび　かみさまにうたおう

とどけようかぜにのせて
いつくしみふかいかみさまに
さんびのうたを

わたしたちの　いのりを

いのちかがやく　みどりのだいち
かぜにのせて　こころにとどけよう
すべてのひとびとに　へいわのうたを
くるしみのひびに　なぐさめのうたを
みんなのしあわせ　かみさまにいのろう

とどけよう
かぜにのせて
いつくしみふかいかみさまに
さんびのうたを　わたしたちの　いのりを

クリスマス

キリストは幼子《おさなご》として生まれました
だれもが近づきやすいように
キリストは貧《まず》しい馬小屋で生まれました
だれもが高ぶらないように
キリストを最初《さいしょ》に礼拝《れいはい》したのは羊飼《ひつじか》いでした
だれもがすなおな心で

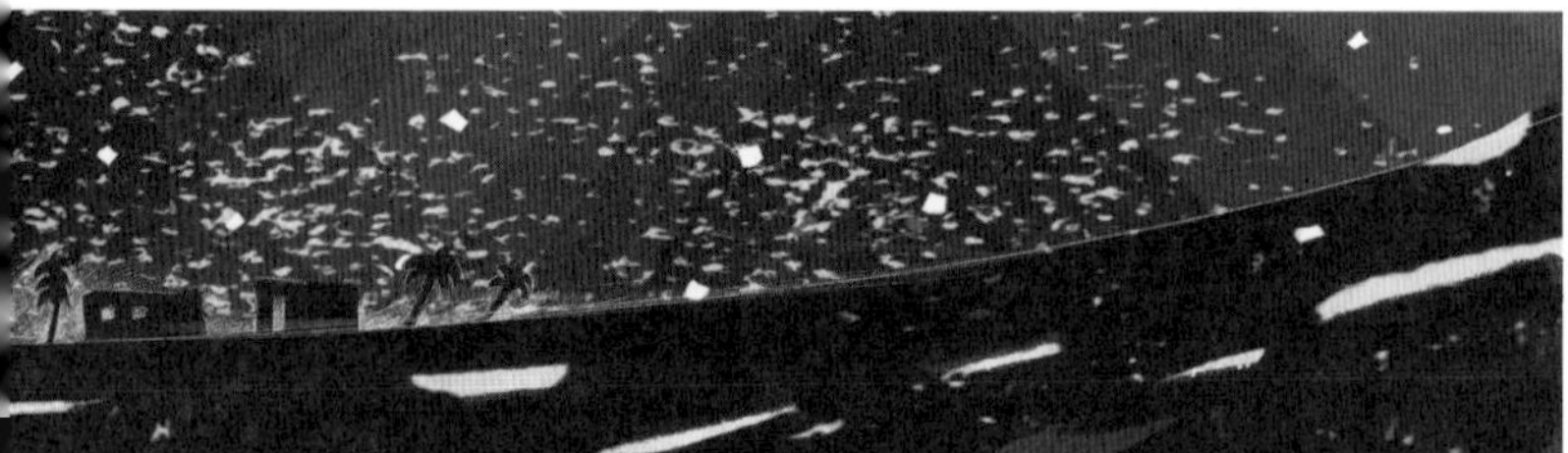

神にすべてをゆだねるように
キリストの誕生《たんじょう》が
私《わたし》の生き方の原点になりますように

はかりごとをしませんように

神さま　どうか
いじわるされても　うらぎられても
なかまはずれにされても
わたしが　しかえしをしませんように
失敗《しっぱい》したときも弁解《べんかい》したり
とりつくろうことをしませんように
神さま　あなたのまえでは
はかりごと*も役に立ちませんから

＊はかりごと——損得《そんとく》を計算してものごとをきめること

奴隷《どれい》

神さま　どうか私《わたし》が
だれかにいじわるされても
だれかにうらぎられても
しかえしをしませんように

相手の悪に　悪で返すのは
相手の奴隷になることですから
私は　自由になりたいのです

いのち

じっと
青い空を見ている
じっと
庭に咲《さ》いている百合《ゆり》を見ている
じっと
愛犬《あいけん》のグリージョを見ている
じっと
家族のひとりひとりのことを考える

じっと
病気の友　人間関係で苦しんでいる友を考えると
宇宙《うちゅう》の中の小さな自分がわかり
神の存在《そんざい》がわかる気がする
いのちのむこうに
いのちがあるように

神さまからの手紙

寒さの中から顔を出した水仙《すいせん》の芽《め》
けやきのこずえについた小さな赤い芽
あんなに努力したのに希望校に入れなかったこと
南米で起きたハリケーンで
たくさんの人が亡《な》くなったこと
やさしいおばさんの病気
朝早くから夜おそくまで働くお父さん

何度わるいことをしてもゆるしてくださる父と母
お母さんの手料理のおいしさ
生まれたその地でなかよく咲《さ》いている花たち
フランスのルルドでのたくさんの奇跡《きせき》
聖書《せいしょ》のことば
友だちの笑顔

みんな神さまからの手紙
手紙にどうこたえるかは
一人ひとりの思いです

夏の陽《ひ》

玉川上水《たまがわじょうすい》の緑の木立に　吹《ふ》く風に
光と陰《かげ》のコントラストを作る夏の陽

青々とした海辺《うみべ》を照らす夏の陽

広島《ひろしま》の元安川《もとやすがわ》の川辺《かわべ》に咲《さ》く
夏の陽に輝《かがや》くキョウチクトウ
今日は八月六日

広島に原爆《げんばく》が投下《とうか》された日
おだやかな夏の陽が
世界のすみずみまで
平和の陽として輝きますように
いつまでも　どこにでも

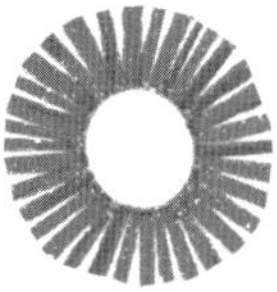

野の夏

繁茂《はんも》しているほの暗い森林
静寂《せいじゃく》な社《やしろ》の宝殿《ほうでん》
大地の緑に咲《さ》いているすみれ
内側《うちがわ》で沈黙《ちんもく》している野の夏

覆《おお》われた沈黙の空間に
山里から平和の木霊《こだま》が杜《もり》に届《とど》いた
杜の鳥は空高く飛翔《ひしょう》した

再《ふたた》び哀《かな》しき夏が来ないために
野の夏の沈黙は大地を貫《つらぬ》く
神とのモノローグなのだ

夏のらかんさん

今につづく　いにしえの道
嵯峨野《さがの》のらかんさん

歌っているらかんさん
考えこんでいるらかんさん
念仏《ねんぶつ》となえるらかんさん

今日は　八月九日

あの日と同じ　八月
祇王寺《ぎおうじ》の苔《こけ》の胞子《ほうし》に
夏のらかんさんのてのひらに
小さな緑の風がすわっている
天を向いて

五輪塔《ごりんとう》

人智《じんち》を超《こ》える
何かふしぎな力の中で
私《わたし》は生きている
苦しい時は　小さな一歩一歩で
うれしい時は　大きな一歩一歩で
毎日右往左往《うおうさおう》しながら歩いている
数日前　友人と武蔵野《むさしの》の里山《さとやま》を歩いた

九十九折《つづらお》りを過《す》ぎて小さな広場に出た
うす暗い林の中に
五輪塔が静《しず》かに鎮座《ちんざ》していた
空輪　風輪　火輪　水輪　地輪
私は、先祖《せんぞ》や自然の創《つく》り主の「天恵《てんけい》」を
受けて生きている

五輪塔に出会った時私は
無意識《むいしき》のうちに
手を合わせ　おじぎをしていた
ふしぎな力に向かって

Ⅲ　生きる

私《わたし》の朝

毎朝身じたくをして
仏壇《ぶつだん》に手を合わせ
愛犬《あいけん》二匹《ひき》と散歩

玉川上水の樹木《じゅもく》の風に吹《ふ》かれて
足もとに咲《さ》く花たち
ひょこひょこ歩く小鳥たち
散歩する人たちと朝のあいさつ

なんの変哲《へんてつ》＊もない一日のはじまり
今日こそ自分のはからいをすて
与《あた》えられた一日をていねいに
すごそう
明日もあさっても　この景色を
見せてください　神さま

＊変哲もない——変ったところもない

手放《ばな》す

どんなに自分にとって大切なものでも
すべて
みんなだれかからいただいたもの

それらを　すべて失っても
決《けっ》して不幸ではありません
それらを手放すことは
新しい　幸せのはじまりです

質素《しっそ》な　つましい生活は
見えなかったものが　見えはじめます
手放すことは幸せのはじまりです

わたしのことばで

わたしの声で
わたしのことばで
だれかが　傷《きず》ついていたとしたら
だれかが　かなしんだとしたら

わたしは　わたしの父や母に謝《あやま》りたい
父と母は　幼《おさな》いわたしに
優《やさ》しい人になるように
賢《かしこ》い人になるように
ことばを教えてくれたにちがいないから

お母さん

ナフタリンのにおいのする着物
きのう染《そ》めた髪《かみ》
痛《いた》む腰《こし》をのばして
授業《じゅぎょう》をみているお母さん
刈《か》り入《い》れが忙《いそが》しいのに
お茶つみも
田植えも
じゃがいもの取り入れもあるのに
授業参観《さんかん》にきてくれたお母さん

家族

部屋に差《さ》し込《こ》んだ初日《はつひ》の陽《ひ》
家族がそろった食卓《しょくたく》に
おせちも静かに並《なら》んでいます
毎年の光景ながら
なんてありがたく
なんて尊《とうと》いことでしょう

初《はつ》日《ひ》

「あいつ　いいやつだなぁ
といわれる人になりたい」
という二十歳《はたち》の息子《むすこ》
ある時　小さな本の中から
『自分がしあわせかどうか　問わなくてもよい
しかし　あなたと共《とも》にいる人がしあわせかどうか問うがよい』
ということばに出会い　感動していた
言動は　このような感動の繰《く》り返《かえ》しと

認識《にんしき》の確認《かくにん》の結晶《けっしょう》であることを
忘《わす》れないでほしい

東の方から初日がさしてきた

そのことだけに

バスに乗った時のことでした
養護学校に通う男の子が
ずっと〈降《お》ります〉の押しボタンの下に
手を置いて押す準備をしていました

十五分ぐらい過ぎたころ
学校前にバスが着き
押しボタンを押して

バスから降りて行きました
私《わたし》は胸が痛くなりました
私たちにはなんでもないことが
男の子には　なんでもないことではないのです
この子どもたちをたいせつにする
世の中になってほしいと強く思いました

クロとプー

今　私《わたし》は　二匹《ひき》のわんちゃんと暮《く》らしています
大きなプードルのプーちゃん
ドーベルマンとチワワの血をひくクロ
小さな　小さな　クロ

朝夕の散歩《さんぽ》　三回のごはん
庭の手入れ　絵を描《か》くとき
いつもいっしょ

いっしょって　いいね
たのしくて　温かくて　希望《きぼう》があって
いつもけなげで　やさしい

クロとプー
ありがとうね　いっしょにいてくれて

グリージョ

手のひらに乗るほどの
小さな茶色の柴犬《しばいぬ》　グリージョ

庭の葉っぱが落ちれば飛《と》びつき
私《わたし》のふいたしゃぼん玉に飛びはね
お兄ちゃんがローラースケートをすると
足に飛びかかり
ひとときもじっとしていなかった
小さかったグリージョ

大きくなったグリージョは
家人が学校や勤《つと》めに行くときに
行ってらっしゃい「ワン」と送り出し

お帰りなさい「ワン」と出迎《でむか》える
よその人が家の門に立ったり入ったりすると
「ワンワンワーン」とすごい吠《ほ》え方《かた》だ

昼も夜も
わが家をしっかり守ってくれたグリージョ
十八年間
家族のひとりとして暮《く》らしたグリージョが
平成《へいせい》十四年一月三日の朝　死んだ
家族みんなが泣《な》いた
庭に咲《さ》いていたさざんかを二《ふた》つ折《お》りして
火葬場《かそうば》に家族みんなで連《つ》れていった

庭の片《かた》すみに骨《ほね》を埋《う》め
さくら草を植えた

桜《さくら》

春が来て
温《あたた》かい陽《ひ》を受けて
小さな桜のつぼみが
空いっぱいに咲《さ》きました
うすもも色が空いっぱい広がりました
たくさん　たくさん
桜が　咲きました

みごとに咲いた桜との別れを
江戸時代の歌人
良寛和尚《りょうかんおしょう》は

散る桜　残る桜も　散る桜　と

究極の人生を歌いました
いのちの歌を

あとがき

教員時代、子どもたちと詩を書くようになり今日に至っております。三十年ほど前、「銀の鈴社」の前身である教育出版センターから児童詩集「お日さまのかけら」を出版させていただきました。三十年という月日のはやさに驚きます。

形のないおくりもの

上原《うえはら》千弘《ちひろ》

わたしは
この間の作文の時間
作文用紙をわすれた
そしたら小杉《こすぎ》さんが
「作文用紙あげるよ」
と、やさしくいってくれた
でも先生が
「国語のノートに書きなさい」

と、おっしゃった
だから小杉さんに
「ごめんね
　気持ちだけもらっとくね」
と、わたしはいった
わたしは本当に
作文用紙をもらったようだった

やさしい気持ちの小杉さんに、やさしい返答ができた千弘ちゃん。すごいね。
「やさしさ」は
幸せの仲間かもしれません。
先生も、時々、たずねて行くね。
「幸せ屋さん」に。

児童詩集『お日さまのかけら』所収

詩を書くことはむずかしいような、やさしいような不思議さを感じます。詩を書くごとに私自身が変化してきたように思います。それは、自然を見る時、人間関係を考える時、表面的なことだけでなく、もっと深く考え「心の目でみよう」と心がけるようになったことです。

庭に咲いている花からもたくさんのことを学びました。花たちは、人が見ても見なくても全身で咲いています。花を通して私は幸せの条件を学びました。だれに対しても、何事に対しても、正直に誠実に接することがたいせつで、幸せをつかむ第一歩だと思います。

神さまは、物事や自然や人を通してたいせつなことを、私たちに教えて下さるのでしょう。

「蒔かぬ種は生えぬ」ということわざがあります。自分が幸せになりたければ、まわりに親切な行いや言葉をかけてみてはどうでしょう。やさしい言葉の種は、きっとみごとにその人のまわりに咲くことでしょう。

私も「やさしい言葉の種」をたくさん蒔きたいと思います。

詩は人を変えるほど生きる力となることを子どもたちに伝えられればうれしいです。『いのちの時間』はそんな思いが込められています。

この『いのちの時間』の詩集のためにすてきな表紙・カットを入れてくださった画家おむらまりこさん、ありがとうございました。

編集のためにたくさんのアドバイス、尽力下さった柴崎俊子先生、西野真由美様、西野大介様にたくさんの感謝と御礼を申し上げます。

二〇二四年　ルルドのマリアの祝日二月一日

雨森　政恵

詩　雨森政恵（あめのもり・まさえ）

1942年静岡県御殿場市に生まれる。聖心女子学院専攻科を経て、文教大学教育学部卒業。木更津中央高等学校勤務のかたわら聖心女子大学、立正大学聴講生を経て私立星美学園小学校教諭。

定年退職後、学校法人聖心学園サンタ・セシリア幼稚園園長を歴任。

〈主な著作〉
・児童詩集『お日さまのかけら』（教育出版センター）
・『子どもとおとなのことば語源辞典』（教育出版センター）
・子ども詩の泉『お母さん今、幸せ？』（らくだ出版）
・『そばにいるから』（ドン・ボスコ社）
・子どものための詩集『神さまからのおくりもの』（らくだ出版）
・絵本『クロとプーとクリスマス』（ドン・ボスコ社）

絵　おむらまりこ

絵本画家・図工教諭。武蔵野美術大学大学院修了。幼少よりカトリックの環境で育ち、その中で培われた精神を絵画表現の軸として創作活動を行っている。絵本『たいせつなおくりもの』『ながさきアンジェラスの鐘』（いずれもドン・ボスコ社）、『マザー・テレサ愛と祈りをこめて』（PHP研究所）、『もうひとりのはかせ』（新教出版）、JUJU『花』MV等、作画を担当。

NDC911
神奈川　銀の鈴社　2024
81頁　21cm（いのちの時間）

ジュニアポエムシリーズ　313　　2024年4月20日初版発行
本体1,600円＋税

いのちの時間

著　者　　雨森　政恵©　おむらまりこ・絵
発行者　　西野大介
編集発行　㈱銀の鈴社　TEL 0467-61-1930　FAX 0467-61-1931
〒248-0017 神奈川県鎌倉市佐助1-18-21万葉野の花庵
https://www.ginsuzu.com
E-mail info@ginsuzu.com

ISBN978－4－86618－162－2 C8092
落丁・乱丁本はお取り替え致します
印刷　電算印刷
製本　渋谷文泉閣

…ジュニアポエムシリーズ…

1 鈴木敏史詩集 宮下琢郎・絵 星の美しい村 ★☆
2 小池知子詩集 高志孝子・絵 おにわいっぱいぼくのなまえ ★☆
3 鶴岡千代子詩集 武田淑子・絵 白い虹 児文芸新人賞
4 楠木しげお詩集 久保雅勇・絵 カワウソの帽子
5 津坂治男詩集 垣内美穂・絵 大きくなったら ★◇
6 後藤れい子詩集 山本まつ子・絵 あくたれぼうずのかぞえうた
7 北村蔦子詩集 柿本幸造・絵 あかちんらくがき
8 吉田瑞穂詩集 吉田翠・絵 しおまねきと少年 ★⛝◎
9 新川和江詩集 葉祥明・絵 野のまつり ★☆
10 阪田寛夫詩集 織茂恭子・絵 夕方のにおい ★◆☆○
11 高田敏子詩集 若山憲・絵 枯れ葉と星 ★☆
12 原田直友詩集 吉田翠・絵 スイッチョの歌 ★◎
13 小林純一詩集 久保雅勇・絵 茂作じいさん ★♪◉☆◎
14 長谷川俊太郎詩集 長新太・絵 地球へのピクニック ★◎◇
15 与田準一詩集 深沢省三・深沢紅子・絵 ゆめみることば ★
16 岸田衿子詩集 中谷千代子・絵 だれもいそがない村
17 江間章子詩集 榊原直美・絵 水と風 ◇◎
18 原田直友詩集 小野まり・絵 虹—村の風景— ★
19 福田正夫詩集 福田達夫・絵 星の輝く海 ★☆
20 草野心平詩集 長野ヒデ子・絵 げんげと蛙 ★☆○◇
21 宮田滋子詩集 青木まさる・絵 手紙のおうち ☆○
22 久保田昭三詩集 斎藤彬子・絵 のはらでさきたい
23 鶴岡千代子詩集 加倉井和夫・武田淑子・絵 白いクジャク ★♪
24 尾上尚子詩集 まど・みちお・絵 そらいろのビー玉 ★☆ 児文協新人賞
25 水上紅詩集 深沢紅子・絵 私のすばる ☆
26 野呂昶詩集 福島一二三・絵 おとのかだん ★
27 こやま峰子詩集 武田淑子・絵 さんかくじょうぎ ☆
28 青戸かいち詩集 駒宮録郎・絵 ぞうの子だって
29 まきたかし詩集 福田達夫・絵 いつか君の花咲くとき ★☆♡
30 薩摩忠詩集 駒宮録郎・絵 まっかな秋 ★☆♡
31 新川和江詩集 福島一二三・絵 ヤァ！ヤナギの木 ★☆○♡
32 井上靖詩集 駒宮録郎・絵 シリア沙漠の少年 ★☆♡
33 古村徹三詩・絵 笑いの神さま
34 江上波夫詩集 青空風太郎・絵 ミスター人類 ○☆
35 秋原秀夫詩集 鈴木義治・絵 風の記憶 ★◎
36 水村三千夫詩集 武田淑子・絵 鳩を飛ばす
37 久冨純江詩集 渡辺安芸夫・絵 風車 クッキングポエム
38 日野生三詩集 吉野晃希男・絵 雲のスフィンクス ★
39 佐藤雅子詩集 佐藤太清・広瀬きよみ・絵 五月の風 ★
40 小黒恵子詩集 武田淑子・絵 モンキーパズル ★
41 木村信子詩集 山本典子・絵 でていった
42 中野栄子詩集 吉田翠・絵 風のうた ☆
43 宮田滋子詩集 牧村慶子・絵 絵をかく夕日 ★
44 大久保テイ子詩集 渡辺安芸夫・絵 はたけの詩 ★☆
45 秋原秀夫詩集 赤星亮衛・絵 ちいさなともだち ♥

☆日本図書館協会選定（2015年度で終了）　♪日本童謡賞　♧岡山県選定図書　◇岩手県選定図書
★全国学校図書館協議会選定（SLA）　♡日本子どもの本研究会選定　◆京都府選定図書
□少年詩賞　■茨城県すいせん図書　♥秋田県選定図書　⛝芸術選奨文部大臣賞
○厚生省中央児童福祉審議会すいせん図書　♣愛媛県教育会すいせん図書　◉赤い鳥文学賞　◆赤い靴賞

…ジュニアポエムシリーズ…

46 日友靖子詩集 藤城清治・安西明美・絵 猫曜日だから ◆☆
47 秋葉てる代詩集 武田淑子・絵 ハープムーンの夜に ♡
48 こやま峰子詩集 山本省三・絵 はじめのいーっぽ ★♡
49 黒柳啓子詩集 金子滋・絵 砂かけ狐 ♡
50 三枝ますみ詩集 武田淑子・絵 ピカソの絵 ☆♡♪
51 夢虹二詩集 武田淑子・絵 とんぼの中にぼくがいる ♡○♥
52 はたちよしこ詩集 まど・みちお・絵 レモンの車輪 □♧
53 大岡信詩集 葉祥明・絵 朝の頌歌 ★☆♡♥◎
54 吉田瑞穂詩集 吉田翠・絵 オホーツク海の月 ★☆♡
55 さとう恭子詩集 村上保・絵 銀のしぶき ★☆♡
56 星乃ミミナ詩集 葉祥明・絵 星空の旅人 ★☆♡
57 葉祥明詩・絵 ありがとう そよ風 ★♡▲
58 青戸かいち詩集 初山滋・絵 双葉と風
59 小野ルミ詩集 和田誠・絵 ゆきふるるん ★☆♪♡
60 なぐもはるき詩・絵 たったひとりの読者 ★♡♧

61 小関秀夫詩集 小倉玲子・絵 風《かざ》栞《しおり》 ★♡♥
62 海沼松世詩集 守下さおり・絵 かげろうのなか ☆♡
63 山本龍生詩集 小倉玲子・絵 春行き一番列車 ♡
64 小泉周二詩集 深沢省三・絵 こもりうた ★☆♡
65 かわてせいぞう詩集 若山憲・絵 野原のなかで ♡★♥
66 えぐちまき詩集 赤星亮衛・絵 ぞうのかばん ♡◆♥
67 池田あきつ詩集 小倉玲子・絵 天気雨 ♡
68 藤井則行詩集 君島美知子・絵 友へ ♡♤
69 藤哲生詩集 武田淑子・絵 秋いっぱい ★♠
70 日友靖子詩集 深沢紅子・絵 花天使を見ましたか ★
71 吉田瑞穂詩集 吉田翠・絵 はるおのかきの木 ★
72 小島禄琅詩集 中村陽子・絵 海を越えた蝶 ★☆♡♥
73 にしおまさこ詩集 杉田幸子・絵 あひるの子 ★
74 山下竹二詩集 徳田徳志芸・絵 レモンの木 ★
75 高崎乃理子詩集 奥山英俊・絵 おかあさんの庭 ★♡

76 檜きみこ詩集 広瀬弦・絵 しっぽいっぽん ★♪□☆♡
77 たかはしけいこ詩集 高田三郎・絵 おかあさんのにおい ♡♣□
78 星乃ミミナ詩集 深澤邦朗・絵 花かんむり ♥☆♡
79 佐藤照雄詩集 津波信久・絵 沖縄 風と少年 ☆♡★
80 相馬梅子詩集 やなせたかし・絵 真珠のように ♥★
81 小島禄琅詩集 深沢紅子・絵 地球がすきだ ★
82 鈴木美智子詩集 黒澤梧郎・絵 龍のとぶ村 ◇★♥
83 いがらしれいこ詩集 高田三郎・絵 小さなてのひら ☆
84 宮入黎子詩集 小倉玲子・絵 春のトランペット ☆★
85 下田喜久美詩集 方振寧・絵 ルビーの空気をすいました ☆
86 野呂昶詩集 方振寧・絵 銀の矢ふれふれ ★
87 ちよはらまちこ詩集 ちよはらまちこ・絵 パリパリサラダ ★
88 秋原秀夫詩集 徳田徳志芸・絵 地球のうた ☆★
89 中島あやこ詩集 井上緑・絵 もうひとつの部屋 ★
90 藤川こうのすけ詩集 葉祥明・絵 こころインデックス ☆

✲サトウハチロー賞
☼三木露風賞
♤福井県すいせん図書
▲神奈川県児童福祉審議会推薦優良図書
♠奈良県教育研究会すいせん図書
♧北海道選定図書
◈静岡県すいせん図書
◎学校図書館図書整備協会選定図書（SLBA）
✢毎日童謡賞
֍三越左千夫少年詩賞

…ジュニアポエムシリーズ…

91 新井 和・詩集　高田 三郎・絵　おばあちゃんの手紙　☆★
92 はなわたえこ・詩集　えばとかつこ・絵　みずたまりのへんじ　★♪
93 柏木恵美子・詩集　武田 淑子・絵　花のなかの先生　☆
94 中原千津子・詩集　寺内 直美・絵　鳩への手紙　★
95 髙瀬美代子・詩集　小倉 玲子・絵　仲なおり　★
96 杉本深由起・詩集　若山 憲・絵　トマトのきぶん　☆★◎ 児文芸新人賞
97 宍倉さとし・詩集　守下さおり・絵　海は青いとはかぎらない　♧
98 石井 英行・詩集　有賀 忍・絵　おじいちゃんの友だち　■
99 なかのひろ・詩集　アサト・シェラ・絵　とうさんのラブレター　☆★
100 小松 静江・詩集　藤川 秀之・絵　古自転車のバットマン
101 石原 一輝・詩集　加藤 真夢・絵　空になりたい　☆❖★
102 小泉 周二・詩集　西 真里子・絵　誕生日の朝　☆■★
103 くすのきしげのり童謡　わたなべあきお・絵　いちにのさんかんび　☆★
104 成本 和子・詩集　小倉 玲子・絵　生まれておいで　☆★❖♡♧
105 伊藤 政弘・詩集　小倉 玲子・絵　心のかたちをした化石　★

106 川崎 洋子・詩集　井戸 妙子・絵　ハンカチの木　□★☆
107 柘植 愛子・詩集　油野 誠一・絵　はずかしがりやのコジュケイ　❖
108 新谷智恵子・詩集　葉 祥明・絵　風をください　☆⟐☼♪♡✣
109 金親 尚子・詩集　牧 進・絵　あたたかな大地　☆
110 黒柳 啓子・詩集　吉田 翠・絵　父ちゃんの足音　☆★♡□
111 富田 栄子・詩集　油野 誠一・絵　にんじん笛　♡☆
112 原 国子・詩集　高畠 純・絵　ゆうべのうちに　☆△
113 宇部 京子・詩集　スズキコージ・絵　よいお天気の日に　○□♪☆◇★
114 武鹿 悦子・詩集　牧野 鈴子・絵　お花見　☆□
115 山本なおこ・詩集　梅田 俊作・絵　さりさりと雪の降る日　☆★
116 小林比呂古・詩集　おおた慶文・絵　ねこのみち　☆
117 後藤れい子・詩集　渡辺あきお・絵　どろんこアイスクリーム　☆
118 重清 良吉・詩集　高田 三郎・絵　草の上　☆□֍◆★
119 宮中 雲子・詩集　西 真里子・絵　どんな音がするでしょか　✲★
120 前山 敬子・詩集　若山 憲・絵　のんびりくらげ　☆★

121 川端 律子・詩集　若山 憲・絵　地球の星の上で　♡
122 たかはしけいこ・詩集　織茂 恭子・絵　とうちゃん　♡֍♣★
123 宮田 滋子・詩集　深澤 邦朗・絵　星の家族　☆♪
124 国沢たまき・詩集　唐沢 静・絵　新しい空がある
125 池田あきつ・詩集　小倉 玲子・絵　かえるの国　★
126 黒田 恵子・詩集　倉島千賀子・絵　ボクのすきなおばあちゃん　☆★♡
127 垣内 磯子・詩集　宮崎 照代・絵　よなかのしまうまバス　☆♡★
128 小泉 周二・詩集　佐藤 平八・絵　太陽へ　֍★♪☆♡
129 中島 和子・詩集　秋里 信子・絵　青い地球としゃぼんだま　☆★
130 のろさかん・詩集　福島 一二三・絵　天のたて琴　☆
131 加藤 丈夫・詩集　葉 祥明・絵　ただ今 受信中　☆★
132 北原 悠子・詩集　深沢 紅子・絵　あなたがいるから　♡
133 池田もと子・詩集　小倉 玲子・絵　おんぷになって　♡
134 鈴木 初江・詩集　吉田 翠・絵　はねだしの百合　★
135 垣内 磯子・詩集　今井 俊・絵　かなしいときには　★

△長野県教育委員会すいせん図書　✡(財)日本動物愛護協会推薦図書
◈茨城県推奨図書　●児童ペン賞

…ジュニアポエムシリーズ…

136 秋葉てる代詩集 やなせたかし・絵 おかしのすきな魔法使い ♪★
137 青戸かいち詩集 永田萠・絵 小さなさようなら ✿★
138 柏木恵美子詩集 高田三郎・絵 雨のシロホン ♡★
139 藤井則行詩集 阿見みどり・絵 春だから ♡★◎
140 黒田勲子詩集 山中冬児・絵 いのちのみちを
141 南郷芳明詩集 的場豊子・絵 花時計
142 やなせたかし詩・絵 生きているってふしぎだな
143 内田麟太郎詩集 斎藤隆夫・絵 うみがわらっている
144 しまざきふみ詩集 島崎奈緒・絵 こねこのゆめ ♡
145 糸永えつこ詩集 武井武雄・絵 ふしぎの部屋から ♡
146 石坂きみこ詩集 鈴木英二・絵 風の中へ ♡
147 坂本のこ詩集 坂本こう・絵 ぼくの居場所 ♡
148 島村木綿子詩・絵 森のたまご ✿
149 楠木しげお詩集 わたせせいぞう・絵 まみちゃんのネコ ★
150 牛尾良子詩集 上矢津・絵 おかあさんの気持ち ♡

151 三越左千夫詩集 阿見みどり・絵 せかいでいちばん大きなかがみ ★
152 水村三千夫詩集 高見八重子・絵 月と子ねずみ
153 川越文子詩集 横松桃子・絵 ぼくの一歩 ふしぎだね ★
154 すずきゆかり詩集 葉祥明・絵 まっすぐ空へ
155 西田純詩集 葉祥明・絵 木の声 水の声
156 清野倭文子詩集 水科舞・絵 ちいさな秘密《ひみつ》
157 川奈静詩集 直江みちる・絵 浜ひるがおはパラボラアンテナ ★◎
158 若木良水詩集 西真里子・絵 光と風の中で
159 牧陽子詩集 渡辺あきお・絵 ねこの詩 ★◎
160 宮田滋子詩集 阿見みどり・絵 愛一輪 ★◎
161 井上灯美子詩集 唐沢静・絵 ことばのくさり ☆♪
162 滝波万理子詩集 滝波裕子・絵 みんな王《おう》様《さま》 ★♪
163 冨岡みち詩集 関口コオ・絵 かぞえられへん せんぞさん ★
164 垣内磯子詩集 辻恵子・切り絵 緑色のライオン ★◎
165 すぎもとれいこ詩集 平井辰夫・絵 ちょっといいことあったとき ★

166 岡田喜代子詩集 おぐらひろかず・絵 千年の音 ★☆◎
167 川奈静詩集 直江みちる・絵 ひもの屋さんの空 ★◎☆♥♡
168 鶴岡千代子詩集 武田淑子・絵 白い花火 ★☆
169 井上灯美子詩集 唐沢静・絵 ちいさい空をノックノック ★◎☆
170 尾崎杏子詩集 ひなた山すじゅう郎・絵 海辺のほいくえん ☆♡★◎
171 柘植愛子詩集 やなせたかし・絵 たんぽぽ線路 ☆♡★◎♪
172 小林比呂古詩集 うめざわのりお・絵 横須賀スケッチ ☆★◎♡▲
173 林佐知子詩集 串田敦子・絵 きょうという日 ☆★◎♡▲
174 後藤基宗子詩集 岡澤由紀子・絵 風とあくしゅ ☆♥★◎♡
175 土屋律子詩集 高瀬のぶえ・絵 るすばんカレー ☆♡★◎▲
176 三輪アイ子詩集 深沢邦朗・絵 かたぐるましてよ ★☆♡
177 田辺瑞美子詩集 西真里子・絵 地球賛歌 ☆★◎
178 髙瀬美代子詩集 小倉玲子・絵 オカリナを吹く少女 ☆♡
179 中野惠子詩集 串田敦子・絵 コロポックルでておいで ★♡☆♪
180 松井節子詩集 阿見みどり・絵 風が遊びにきている ★☆♡▲

…ジュニアポエムシリーズ…

…ジュニアポエムシリーズ…

No.	詩集	絵	書名	記号
226	おばらいちこ詩集	高見八重子・絵	ぞうのジャンボ	☆★♡
227	吉田房子詩集	本田あまね・絵	まわしてみたい石臼	★♡
228	吉田房子詩集	阿見みどり・絵	花　詩　集	★♡◎
229	田中たみ子詩集	唐沢静・絵	へこたれんよ	★◎
230	林佐知子詩集	串田敦子・絵	この空につながる	★♡
231	藤本美智子詩・絵		心のふうせん	★♡
232	火星雅範詩集	西川律子・絵	ささぶねうかべたよ	★♡▲
233	吉田房子詩集	岸田歌子・絵	ゆりかごのうた	★♡
234	むらかみみちこ詩集	むらかみみちこ・むらかみあくる・絵	風のゆうびんやさん	★♡
235	白谷玲花詩集	阿見みどり・絵	柳川白秋めぐりの詩	★♡
236	ほさかとしこ詩集	内山つとむ・絵	神さまと小鳥	★☆♡
237	内田麟太郎詩集	長野ヒデ子・絵	まぜごはん	☆★◎♡▲
238	小林比呂古詩集	出口雄大・絵	きりりと一直線	♡★
239	牛尾良子詩集	おぐらひろかず・絵	うしの土鈴とうさぎの土鈴	★◎♡
240	山本純子詩集	ルイコ・絵	ふ　ふ　ふ	★♡☆◎
241	神田亮詩・絵		天使の翼	★☆♡
242	かんざわみえ詩集	阿見みどり・絵	子供の心大人の心さ迷いながら	☆★◎▲
243	永田喜久男詩集	内山つとむ・絵	つながっていく	★☆♡
244	浜野木碧詩・絵		海原散歩	☆★◎♡
245	やまうち・しゅうへい詩集	山本省三・絵	風のおくりもの	☆★◎♡
246	すぎもとれいこ詩・絵		てんきになあれ	★◎
247	冨岡みち詩集	加藤真夢・絵	地球は家族 ひとつだよ	♡☆◎★
248	北野千賀詩集	滝波裕子・絵	花束のように	♡☆★◎
249	石原一輝詩集	加藤真夢・絵	ぼくらのうた	♡★◎
250	土屋律子詩集	高瀬のぶえ・絵	まほうのくつ	♡☆★◎▲
251	津坂治男詩集	井上良子・絵	白い太陽	☆♡★◎
252	石井英行詩集	よしだちなつ・表紙絵	野原くん	☆★♡◎▲
253	井上灯美子詩集	唐沢静・絵	たからもの	☆♡★
254	大竹典子詩集	加藤真夢・絵	おたんじょう	☆★
255	たかはしけいこ詩集	織茂恭子・絵	流れ星	★♡
256	谷川俊太郎詩集	下田昌克・絵	そして	♡★◎
257	なんば・みちこ詩集	布下満・絵	トックントックン 大空で大地で	★◎
258	宮本美智子詩集	阿見みどり・絵	夢の中に そっと	★◎♡
259	成本和子詩集	阿見みどり・絵	天使の梯子	★◎
260	海野文音詩集	牧野鈴子・絵	ナンドデモ	★♡
261	熊谷本郷詩集	永田萠・絵	かあさん かあさん	★♡
262	大楠翠詩集	吉野晃希男・絵	おにいちゃんの紙飛行機	★♡♪
263	久保恵子詩集	たかせちなつ・絵	わたしの心は 風に舞う	★♡
264	みずかみさやか詩集	葉祥明・絵	五月の空のように	★♡
265	尾崎昭代詩集	中辻アヤ子・絵	たんぽぽの日	★
266	はやしゆみ詩集	渡辺あきお・絵	わたしはきっと小鳥	★
267	田沢節子詩集	永田萠・絵	わき水ぷっくん	△★♡
268	柘植愛子詩集	そねはらまさえ・絵	赤いながぐつ	★♡
269	馬場与志子詩集	日向山寿十郎・絵	ジャンケンポンでかくれんぼ	♡★
270	内田麟太郎詩集	高畠純・絵	たぬきのたまご	★●♡

ジュニアポエムシリーズは、子どもにもわかる言葉で真実の世界をうたう個人詩集のシリーズです。

本シリーズからは、毎回多くの作品が教科書等の掲載詩に選ばれており、1974年以来、全国の小・中学校の図書館や公共図書館等で、長く、広く、読み継がれています。

心を育むポエムの世界。

一人でも多くの子どもや大人に豊かなポエムの世界が届くよう、ジュニアポエムシリーズはこれからも小さな灯をともし続けて参ります。

271 むらかみみちこ 詩・絵 家族のアルバム ★♡
272 井上 和子詩集 吉田 瑠美・絵 風のあかちゃん ★♡
273 佐藤 一志詩集 日向山寿十郎・絵 自然の不思議 ♡★
274 小沢 千恵 詩・絵 やわらかな地球 ♡★
275 あべこうぞう詩集 大谷さなえ・絵 生きているしるし ♡★
276 宮田 滋子詩集 田中 槙子・絵 チューリップのこもりうた ★♡
277 林 佐知子詩集 葉 祥明・絵 空の日 ★♡
278 いしがいようこ 詩・絵 ゆれる悲しみ ★♡
279 村瀬 保子詩集 武田 淑子・絵 すきとおる朝 ♡★
280 あわのゆりこ詩集 高畠 純・絵 まねっこ ★♡
281 川越 文子詩集 福田 岩緒・絵 赤い車 ★♡
282 白石はるみ詩集 かないゆみこ・絵 エリーゼのために ★♡
283 尾崎 杏子詩集 日向山寿十郎・絵 ぼくの北極星 ♡★
284 壱岐 梢詩集 葉 祥明・絵 ここに ★
285 野口 正路詩集 山手 正彦・絵 光って生きている ★◎

286 樋口てい子詩集 串田 敦子・絵 ハネをもったコトバ ★◎
287 火星 雅範詩集 西川 律子・絵 ささぶねにのったよ
288 大楠 翠詩集 吉野晃希男・絵 はてなとびっくり ★◎❀
289 大澤 清詩集 阿見みどり・絵 組曲 いかに生きるか ★
290 たかはしけいこ詩集 織茂 恭子・絵 いっしょ ★♡◎
291 内田麟太郎詩集 大野 八生・絵 なまこのぽんぽん ★◎○
292 はやし ゆみ詩集 はなてる・絵 こころの小鳥 ♡★◎
293 いしがいようこ 詩・絵 あ・そ・ぼ！ ★♡◎
294 帆草とうか 詩・絵 空をしかくく 切りとって ★♡
295 土屋 律子詩集 吉野晃希男・絵 コピーロボット ★◎♡
296 川上佐貴子詩集 はなてる・絵 アジアのかけ橋 ♡★◎
297 西沢 杏子詩集 東 逸子・絵 さくら貝とプリズム ♡★◎
298 鈴木 初江詩集 小倉 玲子・絵 めぐりめぐる水のうた ★◎
299 白谷 玲花詩集 牧野 鈴子・絵 母さんのシャボン玉 ◎★
300 ゆふ あきら詩集 ゆふくみこ・絵 やまぐちかおる・絵 すずめのバスケ ♡★◎

301 半田 信和詩集 吉野晃希男・絵 ギンモクセイの枝先に ★◎
302 弓削田健介詩集 葉 祥明・絵 優《やさ》しい詩《うた》のお守《まも》りを ★♡
303 内田麟太郎詩集 井上コトリ・絵 たんぽぽぽぽ ★◎♡
304 宮本美智子詩集 阿見みどり・絵 水色の風の街 ★◎♡
305 星野 良一詩集 ながしまよいち・絵 星の声、星の子へ ◎♡★❀
306 うたかいずみ詩集 しんやゆう子・絵 あしたの木 ♡★◎
307 藤本美智子 詩・絵 木の気分 ♡★◎
308 大迫 弘和詩集 葉 祥明・絵 ルリビタキ ★◎
309 林 佐知子詩集 髙見八重子・絵 いのちの音 ★
310 森木 林詩集 葉 祥明・絵 あたたかな風になる ★♡
311 内田麟太郎詩集 かみや しん・絵 たちつてと ★♡
312 星野 良一詩集 ながしまよいち・絵 スターライト
313 雨森 政恵詩集 おむらまりこ・絵 いのちの時間
314 神内 八重詩集 田辺 玲・絵 あたま なでてもろてん

＊刊行の順番はシリーズ番号と異なる場合があります。